AF338964

MESSE SOLENNELLE

CÉLÉBRÉE POUR NOS

MARINS ET SOLDATS

ALLOCUTION

Prononcée par M. l'abbé L.-M. DUBOIS

Docteur en théologie, curé de Ciré-d'Aunis

EN L'ÉGLISE SAINT-LOUIS DE ROCHEFORT

Le 13 décembre 1891

ROCHEFORT

SOCIÉTÉ ANONYME DE L'IMPRIMERIE CH. THÈZE

—

1891

MESSE SOLENNELLE

CÉLÉBRÉE POUR NOS

MARINS ET SOLDATS

ALLOCUTION

Prononcée par M. l'abbé L.-M. DUBOIS

Docteur en théologie, curé de Ciré-d'Aunis

EN L'ÉGLISE SAINT-LOUIS DE ROCHEFORT

Le 13 décembre 1891

ROCHEFORT

SOCIÉTÉ ANONYME DE L'IMPRIMERIE CH. THÈZE

—

1891

L'AME DE LA PATRIE

Amiral,

Monsieur l'Archiprêtre,

Messieurs,

Quand un peuple possède de grands souvenirs, quand, éclairé par des principes identiques sur le beau, le bien, le vrai, il est uni par un amour inébranlable ; quand, pour se défendre, il brave la mort avec un indomptable courage, parce qu'il a le sentiment profond de son honneur et la conscience de sa dignité, il possède une âme qui, le distinguant de tous les autres, lui donne une vie particulière et indépendante : c'est l'âme de la Patrie.

L'âme de la Patrie française, quelle grande et noble

création de Dieu ! L'âme de la Patrie française, elle est lumineuse, elle est aimante, elle est sensible.

Lumineuse, elle veut se nourrir de la vérité claire, resplendissante, qu'elle parle dans sa langue harmonieuse en la revêtant d'un vêtement si transparent, si gracieux, si bien fait pour elle, que, loin d'en amoindrir les charmes, ce vêtement les rend plus captivants et plus visibles.

Aimante, l'âme de la Patrie française n'a qu'une affection : nous l'appelons humanité. C'est le monde tout entier qu'elle porte dans son cœur avec ses fils et qu'elle tente de sauver en semant sur toutes les plages quelques gouttes du sang chaud, loyal et généreux qui l'anime.

Sensible, l'âme de la Patrie française est tellement faite pour la beauté, que son goût exquis devient celui des races civilisées. Elle impose tellement les lois de son génie et le prestige de son talent, que tout ce qui ne vient pas d'elle semble barbare, que tout ce qu'elle n'approuve pas, ne reste pas marqué pour l'immortalité.

Messieurs, cette âme de la Patrie française se montre partout dans notre beau pays, partout avec ses qualités, ses défauts peut-être, mais partout avec sa grandeur et sa force féconde. Les palais et les chaumières, les cités et les villages, les salons et les ateliers sont animés par ses mouvements rapides. Une seule vie circule de haut en bas dans le peuple, une seule vie rayonnante, passionnée, pleine d'émotions instantanées et brûlantes. C'est la vie de la France.

Or, Messieurs, s'il est parmi nous un corps social où l'âme de la Patrie possède une action plus énergique, resplendit dans toute sa puissance, et se dessine davantage avec son caractère intelligent, impressionnable, chevaleresque, c'est assurément l'Armée. Pourquoi ? Parce que l'armée poursuit directement le but de toutes les âmes : la gloire impérissable ; parce que l'armée possède un symbole visible de notre âme nationale : le Drapeau.

Ce matin donc, où nous prions pour nos marins et nos soldats tombés près de nous ou dans de lointaines colonies, et afin de vous mieux faire comprendre ce qu'est cette âme de la Patrie française, qui fut l'inspiratrice de leur bravoure et de leur héroïsme, laissez-moi vous parler de cette gloire qu'elle poursuit et de ce drapeau qu'elle défend. Vous verrez alors cette âme dans sa fière et mâle beauté, et vous serez heureux d'avoir le cœur assez bien fait pour en sentir les impulsions.

La gloire dit de cette âme deux choses grandes comme le cœur de Dieu : *Lumière et Liberté.*

Le drapeau dit de cette âme deux choses grandes comme le cœur de l'homme : *Honneur et Sacrifice.*

I.

La gloire est la fin que veut atteindre l'âme de la Patrie, comme la nôtre, Messieurs, que nous définissions dimanche dernier, l'image de Dieu signée par lui avec de la lumière : *Signasti super nos lumen vultus tui, Domine* ; tandis que l'âme des peuples, souffle de l'humanité, est l'image du Ciel signée par Jésus-Christ avec son sang sacré. Or, la gloire se fait avec les deux grandes choses que Dieu seul possède dans sa plénitude, et qui sont et son cœur et sa vie : la lumière et la liberté.

La lumière chez une nation est la science intellectuelle et morale qui éclaire ses membres sur la vérité et leur montre d'une manière très nette le chemin du devoir. Et nous l'avons, cette science, par le prêtre catholique et par nos moralistes. Ceux-ci peuvent, en effet, combattre nos dogmes sacrés ; mais, comme ils ne peuvent plus se dépouiller du christianisme sans se dépouiller du bon sens, ils s'accordent avec nous quand il faut définir ce qu'est la vertu et quelle doit être la ligne de conduite du véritable citoyen. En France, le devoir s'appelle l'honnêteté. Bien comprise, l'honnêteté n'est pas loin de la sainteté qui fait la gloire de l'homme privé.

Cette lumière produit parmi les peuples forts le fruit le plus parfait de notre christianisme : la civilisation. Civilisation pour nous d'abord, qui voulons vivre en frères et parmi lesquels aucune dissension ne parvient à jeter une haine tenace et durable ; civilisation pour l'univers. Le Français est, quoi qu'en aient pu dire nos ennemis, le *civilisateur* par excellence. L'âme de la Patrie le pousse à semer des idées, et il les sème partout en les fécondant de son sang, et c'est notre gloire nationale.

N'est-ce pas ce que vous faites, vaillants marins, à la suite de chefs intrépides comme celui qui nous donne aujourd'hui un si grand exemple de foi et de piété (1). Quand vous guidez sur l'Océan immense les vaisseaux qui portent le pavillon français, qu'allez-vous offrir aux plages qui vous reçoivent ? Les idées qui agitent notre grand pays, la lumière civilisatrice qui illumine son âme.

Il en est de même pour vous, officiers et soldats de l'artillerie et de l'infanterie de marine. Je n'ai

(1) M. le vice-amiral Ribell, commandant en chef, préfet du 4e arrondissement maritime.

qu'à prendre vos drapeaux : sur l'un : Alma, Mogador, Palikao, Ki-Hoa, Sontay, Tuyen-Quan ; sur l'autre : Lutzen, Vera-Cruz, Sébastopol, Puebla, Sontay et Lang-Son. Que de régions vous avez illustrées ! Un cri s'échappe de vos rang · Civilisation et lumière !

Lumière pour nous qui, en servant la France, apprenons à mieux vivre de sa vie ; civilisation pour tous les peuples, pour l'Europe, pour le continent Noir, pour l'Amérique et l'Océanie, car le cœur de la France est, comme le cœur de Dieu, large ouvert à tous ceux qui savent le comprendre et l'aimer.

Mais avec la lumière, Messieurs, doit marcher la liberté : sans elle, la gloire n'est qu'un mot trompeur qui cache mal une infamie ! Des chaînes d'or sont des entraves, et le bien-être matériel n'empêche pas un pays de se transformer en prison.

La liberté, ce don de Dieu par excellence, c'est ce que veut l'âme de la Patrie, quand elle poursuit la gloire ; la liberté pleine et entière pour tous ses fils sans exception, et la liberté revendiquée jusqu'à la tombe. Le soldat français peut être frappé par la main d'un ennemi, sa mort rayonne de l'éternelle lumière, quand il laisse échapper de ses lèvres pâlissantes les mots qui font des plus obscurs les héros du devoir : « Pour la Patrie et pour la liberté ! »

C'est ce sentiment qui fait notre crânerie française

et donne à nos soldats le courage de supporter, avec l'heureuse gaité des hommes vraiment libres, les privations si pénibles du métier militaire.

Ecoutez ce touchant épisode de la sombre et douloureuse journée qui fut celle de Sedan. Il montre que l'âme de la France gardait encore une lueur de son ancienne splendeur même en son plus grand deuil, et qu'elle n'était pas prête à devenir un pays où l'on fait des esclaves.

L'infanterie de marine est placée aux avant-postes sur les bords de la Meuse. Au petit jour, les Prussiens commencent à passer le fleuve que couvre un épais brouillard. Tranquilles dans leurs postes, les *marsouins,* — on vous appelle ainsi, Messieurs, et vous aimez ce nom qui vous dit bien des choses, — les marsouins jouent aux cartes sur un tambour. — Comme c'est bien le soldat français ! — L'aide-de-camp du général de Wimpfen, qui visite nos lignes avancées, s'aperçoit du mouvement des Prussiens, et tombant à l'improviste sur le corps de garde :

— Malheureux ! les Prussiens passent la Meuse et vous jouez aux cartes ! Qui commande ici ?

— Moi ! mon colonel, répond un jeune lieutenant.

— Eh bien, monsieur, je ne vous félicite pas.

Mais déjà les nôtres ont organisé la défense du village où ils sont cantonnés ; ils résistent énergiquement. Malheureusement l'ennemi, profitant des premiers instants de trouble, a porté sur ce point des forces nombreuses et nos fantassins sont obligés de se replier.

Quelques heures plus tard, le colonel, ramené à cet endroit par le hasard de la bataille, se trouve de nouveau en face du lieutenant, au moment où celui-ci, à la tête de ses hommes, pénètre dans une maison dont il vient de déloger l'ennemi.

— Eh bien ! mon colonel, est-ce mieux cette fois ? dit le vaillant officier.

A peine a-t-il prononcé ces paroles, qu'il tombe foudroyé, le cœur traversé par une balle.

Voilà comment on achète la gloire, comment l'âme de la Patrie apprend à mourir en héros éclairé sur son devoir, en défenseur de la liberté !

Si j'en avais le temps, je prendrais notre histoire nationale, et dans le siège mémorable de Paris, je trouverais des faits pareils, à l'honneur de la marine. Nous savons quelle fut la conduite des marins du Bourget, ce que firent, à Paris, sur la Loire, les Pothuau, les La Roncière, les Jauréguiberry et vingt autres. L'âme de la Patrie, sa gloire et sa liberté flottaient avec vos pavillons, et l'ennemi dut comprendre que si la défaite déchirait le cœur de la France, il n'en éteignait pas la valeur. Il vit qu'on pouvait bien jeter dans des sillons sanglants des milliers de Français, mais tant qu'il resterait un matelot ou un soldat, même un simple citoyen (à l'heure du péril nous sommes tous soldats), une bouche s'ouvrirait pour proclamer la liberté, des bras se lèveraient pour tenir avec un tronçon d'épée notre drapeau sanglant et mutilé, mais toujours digne d'admiration ; car, dit Mistral, « la vertu tire sa gloire des persécutions comme le drapeau de ses lambeaux déchirés. »

II.

C'est qu'en effet le drapeau est le symbole de la Patrie, dont il manifeste l'âme en affirmant deux choses grandes comme le cœur de l'homme : Honneur et sacrifice.

Ce que Dieu produisit de meilleur en ce monde, ce fut le cœur de l'homme. Il y mit, avec la bonté, les deux forces les plus puissantes et les plus délicates : l'honneur et le dévouement, afin d'en faire l'image du sien. Le cœur de la France, Messieurs, est à son tour l'image du cœur de l'homme, parce qu'il est fait avec l'honneur et le sacrifice.

Suivez quelques instants le développement de ma pensée.

Le sentiment le plus profond dont l'âme de la France est animée, c'est assurément celui de l'honneur. Je vous avoue, Messieurs, que j'éprouve une certaine crainte à vous en parler. Vous le connaissez aussi bien que moi. Vous savez que l'honneur est la poésie, l'idéal de l'honnêteté. Il est à la vertu ce que le parfum est à la fleur, le goût au fruit, le rayon au foyer.

Dans notre Patrie, le mot d'honneur est tout puissant. En l'entendant, notre être entier frissonne, que nous soyions soldat, prêtre ou simple citoyen. Le plus grand éloge qu'on puisse faire de son semblable est de l'appeler « un homme d'honneur, » et la plus précieuse récompense est d'attacher sur sa poitrine la croix de la Légion d'honneur. En France, et vous nous le prouvez avec bien d'autres, les hommes d'honneur ne manquent pas. Cependant il faut avouer que l'honneur militaire est au-dessus de l'honneur civil. Et cela se comprend.

La discipline toujours respectée, l'esprit de corps nous poussant à aimer et à soutenir nos chefs et nos compagnons d'armes ; la fierté de porter noblement avec l'uniforme, l'épée ou le fusil pour la défense de la Patrie ; le désir de marcher à l'ennemi afin de lui ravir les lambeaux d'un sol sacré, tout cela constitue l'honneur militaire. Or, la France est avant tout un soldat, le soldat de Dieu ; l'honneur militaire est donc plus particulièrement le sien.

Et cet honneur s'achète avec le sacrifice et la douleur, comme toute noblesse d'âme ici-bas, pour les individus et pour les peuples.

La mort des braves fait les mœurs des peuples, ne l'oubliez pas, et si la France est une grande nation, c'est sur le champ de bataille qu'elle s'est formée. Que dis-je ! elle s'est formée partout, car le champ de bataille de la France, c'est l'univers.

Partout vous avez donné des preuves de votre héroïsme et de votre dévouement ; partout vous avez été prêts à mourir pour la défense de notre territoire, sous le drapeau qui vous dit ces deux mots, non plus seulement grands comme le cœur de l'homme, mais grands comme l'âme de la Patrie : *Honneur et Sacrifice.*

Ne sont-ce pas ces nobles pensées qui soutinrent les braves soldats de l'infanterie de marine dans la lutte admirable dont Bazeilles fut le théâtre ? C'est le général de Vassoigne qui les commande. Tant qu'il reste à ses hommes un peu de poudre, à lui un peu de sang, ils défendent le village attaqué. Le talent du peintre de Neuville s'est inspiré de cette bravoure pour faire ce chef-d'œuvre que vous connaissez : *Les Dernières cartouches*. Dernières cartouches, mais non dernier combat !... Messieurs, notre étendard est comme le signe du divin Maître, il laisse toujours après lui l'espoir d'une revanche ; il flotte entre le passé qui s'évanouit et l'avenir qui répare.

Il existe, en effet, deux symboles sacrés qui font battre tout cœur vaillant parce qu'ils parlent l'âme de l'Église et celle de la Patrie : la Croix et le Drapeau français. L'une nous prêche l'héroïsme d'un Dieu mort pour les peuples, l'autre proclame l'héroïsme d'un peuple mort pour son Dieu, et tous les deux nous disent : Honneur et sacrifice, victoire et résurrection.

Ah ! je comprends ce cri que poussait l'un des vôtres dans la préface d'un livre (1) inspiré par une vierge qui incarna l'âme de la Patrie aux heures les plus malheureuses de notre histoire, et dont l'étendard fut pendant quelques mois celui de la France :

« Je suis de ceux qui, au milieu des circonstances de guerre ou simplement dans les pays d'exil, éprouvent encore une émotion en le voyant apparaître (le drapeau). Et sur les lointaines rades étrangères, où

______

(1) Le *Sang de France*, par Georges Gourdon, avec préface de Pierre Loti, de l'Académie française.

nous le faisons hisser chaque matin à bord, en nous découvrant, il m'est arrivé de frissonner sans savoir pourquoi, tandis qu'il montait et que la sonnerie du clairon le saluait au passage. »

Nous lui ressemblons tous, Messieurs, et quand vous portez glorieusement le drapeau dans nos cités, nous le suivons le cœur ému, prêts à chanter comme l'un de nos poètes, ancien élève d'un illustre Collège de cette province (1) :

> Jusqu'à la mort on le défend,
>   O sublime folie !
> Et quand il revient triomphant,
>   Vers sa loque chérie
> Les yeux vont, de larmes remplis,
> Car le drapeau garde en ses plis
>   L'âme de la Patrie !

Ame de la Patrie française, quand je médite sur ta gloire, sur ta beauté, sur ton dévouement, je m'explique pourquoi les drapeaux des autres peuples s'inclinent vers le tien, quelle que soit la main qui le porte. Naguère, aux applaudissements des uns, aux frémissements des autres, les couleurs russes ne se

(1) Le Collège de Pons, qui fournit à l'Église, à l'armée, à la magistrature, aux lettres et aux arts bien des hommes éminents. Parmi les vivants, il suffit de citer Mgr Fallières, évêque de Saint-Brieuc, et le célèbre peintre William Bouguereau, membre de l'Institut.

sont-elles pas unies aux tiennes, dans le port désormais célèbre de Cronstadt ? Pourquoi ? C'est que le peuple slave, si grand, si généreux, t'aime et t'admire ; s'il se rappelle encore les luttes passées, il songe que ton amitié est pour lui la lumière et la liberté !

Ne vous étonnez pas des paroles que je prononce. Ne lisez-vous pas, sur la bannière du 6ᵉ de ligne, le nom célèbre *d'Inkerman ?* -- Jour à jamais glorieux du 5 novembre 1854, qu'il est doux de rappeler devant les autels, les *Te Deum* qu'autrefois, hélas ! tu nous fis chanter !

Le colonel de Camas, pour délivrer ses frères d'armes presque prisonniers dans Sébastopol, s'élance et tombe foudroyé à la tête du 6ᵉ, et bien des vôtres sont étendus parmi les 1700 soldats gisant au pied de votre drapeau. Les Russes, toutefois, avaient été si courageux, que l'on put dire, depuis, qu'en cette bataille on ne compta ni vainqueurs ni vaincus. Et cela s'est renouvelé tant de fois, qu'en France tous les cœurs patriotes battent de sympathie pour ceux qui sont aujourd'hui nos amis et demain seront nos alliés !

Je finis en vous demandant pour les nobles défunts l'offrande d'une loyale prière. N'oubliez pas, Messieurs, que la gloire immortelle doit succéder à l'autre ; que le drapeau doit nous conduire aux victoires qui demeurent. Souvenez-vous encore que ceux qui furent frappés pour l'honneur de la France ont des mères, des épouses, des enfants souvent inconsolables, et puisqu'une seule âme nous anime, disons avec une admirable union, dans un élan de cœur, comme savent le faire des soldats : « Mon Dieu, donnez le repos éternel et votre lumière indéfectible aux héros du devoir et du patriotisme. En tombant pour la France, qu'ils aient gagné le Ciel ! »

Amen !